MÉMOIRES

DE LA

DUCHESSE DE BRANCAS

SUR LOUIS QUINZE

ET

Mme DE CHATEAUROUX

Édition augmentée d'une Préface et de Notes

PAR

LOUIS LACOUR

Mil huit cent soixante-cinq

le 26-1-48

en souvenir

de ce beau jour

de fête.

[illegible]

MÉMOIRES

DE LA

D^{sse} DE BRANCAS

Tiré
à très-petit nombre
et rien que sur ce papier.

PRÉFACE

LE remarquable fragment littéraire que nous publions aujourd'hui n'était pas inconnu des bibliophiles. D'ailleurs, qu'y a-t-il d'inconnu dans le monde des livres? N'est-ce pas l'effet d'une singulière outrecuidance que de venir signaler au public comme une découverte tel ou tel ouvrage plus ou moins ignoré. On le goûte en secret ou dans un petit cénacle de curieux ; bon motif pour se décerner, en l'éditant, les lauriers de Watt ou de Colomb ! Les choses estimables du temps passé ont chacune leurs partisans, qui, pour être disséminés et discrets, ne sont pas moins nombreux, et ils se comptent le jour où vient les amuser un pédant, redoreur d'épitaphes qu'autrefois, sous leur fruste aspect, ils déchiffraient non moins bien que lui.

Le vaste abîme où s'entassent tour à tour les œuvres de l'esprit humain n'est pas un vulgaire champ de repos abandonné aux broussailles; ce sont des catacombes vénérées dont une légion de chercheurs sonde incessamment les mystérieux détours. Chaque souvenir y a son culte, toute cendre distinguée ses autels.

On éprouve un vif sentiment de regret et un véritable chagrin lorsque après avoir achevé les quelques pages de madame de Brancas on se prend à songer qu'elles sont tout ce qui reste du brillant esprit qui les a dictées.

A croire Lauraguais, son petit-fils, elle avait terminé la peinture des événements auxquels elle s'était trouvée associée. Ce n'était pas la mode alors pour les femmes de raconter leur époque — surtout leur vie ; et celles du grand monde n'avaient ni assez de loisir, ni de liberté assez pour mener à fin un travail de ce genre. Madame de Brancas, aussi absorbée que personne par les devoirs de son état, comme on disait naguère, sut vaincre des difficultés qu'une imagination souple, un bon sens naturel et un grand usage de la vie réduisirent à rien pour elle. Au surplus, il faut lui tenir compte de ceci : que, témoin et acteur des intrigues mouvementées de la cour, elle ne s'ingénia pas à les reléguer dans l'ombre pour faire la part plus belle aux épisodes de sa carrière privée. D'une réserve encore plus contenue — non plus étudiée — que celle de madame de Staal, elle sait arrêter son portrait aux contours du visage et ne pas même descendre au buste. Voilà, sans doute, un exemple de convenance rare et qui mérite une apostille, lorsque surtout l'autobiographie réelle pouvait fournir tant de pages dignes de mémoire.

Si la duchesse oublie de soulever les portières de ses petits appartements, c'est pour la satisfaction de nous guider sur le théâtre des royales amours et des mœurs tempérées du château de Versailles. Son récit s'inspire largement du scepticisme contemporain. Jadis on inscrivait dans la coutume une foi à garder, comme depuis on s'est posé pour principe une loi à observer; c'était alors un roi à aimer, et ce n'est pas un médiocre moyen de s'instruire dans cette noble pratique que de relire madame de Brancas. Sa plume redit d'une simple et grande manière cet unique chant de l'épopée des boudoirs. On ne saurait faire ressortir toute une époque en moins de mots. Avec quel mordant et au fond quel sens juste et quelle appréciation vraie elle analyse et fait parler les consciences et les caractères ! Avec quel art elle pénètre dans l'engrenage de cette politique dont le dernier ressort était le lit du Bien-aimé! On voudrait s'oublier longtemps à cette élégante et railleuse causerie, si dramatique dans son cadre resserré et si brusquement interrompue, qui n'est pas la grande histoire, il s'en faut, mais qui marche auprès d'elle en un parallélisme étroit pour aider à l'interprétation de quelques-uns de ses faits.

Madame de Brancas se consulte et se cite. Pour nous, elle s'est acquis cette autre louange d'avoir donné un spécimen presque achevé d'un style primesautier, miroitant de fines saillies — par instant peut-être trop fines et trop miroitantes — et comme, de compte fait, il n'en reste pas beaucoup de modèles des mains féminines du XVIIIe siècle.

Lauraguais, tête vive et remuante, causeur disert, intelligence distinguée, cœur fort; mais écrivain prolixe et fatigant, parmi tant d'idées qu'il remuait au crible, n'en eut jamais de plus heureuse que celle de publier les quelques pages qui lui restaient des souvenirs de sa grand'mère. Il le fit dans un livre où se mêle le souvenir de cette célèbre Arnould, son amie constante des bons et des mauvais jours. Voici en quels termes il s'exprime sur cet écrit :

« Je n'ai qu'un mot à dire sur le fragment de madame de Brancas, ma grand'mère. Son mari avoit été menin de monseigneur le duc de Bourgogne, père de Louis XV ; M. le duc de Saint-Simon l'avoit été aussi : ils restèrent amis jusqu'à leur mort. J'ai donc passé ma jeunesse à les entendre causer de la vieille cour de Louis XIV et de leur temps. Le duc de Saint-Simon parloit souvent de ses Mémoires, et croyoit qu'on ne pourroit jamais les rendre publics.

« Le Siècle de Louis XIV n'étant que préparé par Voltaire lorsque madame de Brancas vivoit, et les Mémoires de Saint-Simon ne devant jamais paroître, j'avois obtenu de la tendresse de ma grand'mère, de me dicter beaucoup de choses ; leur perte est totalement effacée par la publication du Siècle de Louis XIV, et par celle des Mémoires de Saint-Simon. Mais comme elle prenoit un grand intérêt à madame de Châteauroux, et qu'elle avoit été fort engagée dans les événements qui préparèrent son crédit, sa disgrâce ensuite, et puis sa nouvelle faveur, la partie la plus historique et la mieux faite de ses Mémoires étoit celle où la liaison de Louis XV et de madame de Châteauroux pouvoit être le plus aisément défigurée dans les libelles sur la vie de Louis XV.

« Ayant retrouvé, parmi de vieilles pape-

rasses échappées à trois visites domiciliaires, ainsi qu'à d'autres recherches encore plus dangereuses, de la part de mon cher neveu Bufile Brancas, un brouillon de ce fragment historique, je l'ai remis au net tel que vous allez le lire.

« Si madame de Brancas dit du cardinal de Fleury autre chose que ce qu'on en voit dans l'Histoire de Louis XV par Voltaire, ce qu'il en a écrit confirme cependant tout ce qu'elle en dit : il le peint comme un homme aimable, pacifique, et que les circonstances avoient tellement porté au souverain pouvoir, qu'au lieu d'en montrer l'orgueil, il pouvoit aisément n'en affecter que la modestie qui lui sied mieux; mais M. de Voltaire en parle quelquefois aussi comme d'un hypocrite: madame de Brancas en fait un tartufe. On devoit trouver la différence de ces nuances dans une Histoire générale, et dans des Mémoires particuliers.

« Madame de Brancas ayant eu soin de donner une idée exacte des mœurs de la cour, et de l'esprit de son temps, afin de se montrer, ainsi que les personnes dont elle me parloit, sous le jour qui doit les éclairer, il me semble inutile, et sur-tout en ce moment, d'entrer dans aucun détail qui lui seroit personnel. D'ailleurs, quoiqu'elle n'ait parlé d'elle que pour apprendre

ce qui se passoit sous ses yeux, ce qu'elle en dit, la manière dont elle dispose la scène sur laquelle elle se montre, et fait monter les personnages dont elle parle, vous donneront le moyen d'en faire un portrait plus fidèle peut-être que celui qu'elle auroit pu faire d'elle-même. »

Le premier éditeur de cette pièce ne la juge qu'au point de vue historique ; nous n'ajouterons rien à ce que nous avons dit de son mérite littéraire. Ceux qui la liront sous l'empire de ces deux préoccupations reconnaîtront avec nous qu'elle était digne d'être réimprimée avec le soin scrupuleux que recherche l'amateur et qui complète pour lui, par un plaisir raffiné, le charme naturel de la lecture.

L. L.

Ce fragment des Mémoires perdus de Madame de Brancas est extrait textuellement de l'ouvrage suivant : *Lettres de L. B. Lauraguais à madame *** dans lesquelles on trouve*, etc. Paris, Buisson, an X (1802), in-8°, pages 176 à 243. Les notes conservées dans le courant du texte sont du premier éditeur.

MÉMOIRES

DE LA

DUCHESSE DE BRANCAS

La taille de madame de Châteauroux étoit haute et majestueuse, les traits de sa physionomie un peu forts et réguliers. Cette régularité pouvoit l'empêcher d'avoir de la physionomie ; mais ses grands yeux bleus avoient des regards enchanteurs, et tous les mouvemens de sa personne une grâce infinie. Le charme qu'elle répandoit autour d'elle dépendoit donc beaucoup moins de chacune de ses perfections que de leur ensemble.

L'esprit de madame de Châteauroux étoit tel que l'annonçoit le caractère de la beauté de sa personne ; il étoit quelquefois imposant comme elle, tendre comme son cœur, et fier comme son nom. Vous savez qu'étant un des plus beaux de la monarchie, il n'étoit pourtant pas au nombre de ceux des ducs et pairs ; MM. de Nesle, ainsi que MM. de Beaufremont et d'autres gens de leur espèce, avoient excité, sous la régence, le parlement à faire un mémoire dont plusieurs ducs et pairs furent très-mécontens.

Madame de Châteauroux, du temps de la Fronde, eût certainement été du parti de mesdames de Longueville et de Chevreuse, non pas qu'elle fût intrigante, mais parce qu'elle étoit dominante. Tout paroissoit donc naturel en elle ; aussi ne mettoit-elle pas plus de soins à plaire que d'art pour charmer. Quand elle ne ravissoit pas tout d'un coup, on ne l'aimoit jamais. Elle cherchoit fort rarement de l'esprit dans sa mémoire, encore moins dans ses tablettes. Ce qu'elle en avoit étoit le sien ; et celui qu'elle montroit dépendoit toujours de ses propres sentimens, ou de ceux qu'on lui faisoit partager. Il ne falloit pas l'entretenir de littérature : ce n'étoit pas madame de Sévigné, ni madame de la Fayette ; elle avoit encore moins l'esprit de madame de Maintenon. Elle n'auroit pas eu la patience de devenir reine ; elle n'eût pas pris tant de peine pour être la femme d'un monarque sans en devenir l'épouse. Mais parloit-on à madame de Châteauroux de choses raisonnables, ou de choses tendres et sensibles, son esprit paroissoit sortir tout-à-coup de son caractère ou de son cœur. Rien en elle n'étoit réfléchi, encore moins médité. Tout sembloit inspiré, et l'étoit en effet soit par une belle nature, soit par l'usage du beau monde.

Madame de Châteauroux avoit quatre sœurs : madame de Mailly, madame de Vintimille, mademoiselle de Montcarvel, devenue votre belle-mère, et madame de Flavacourt. Madame la duchesse de Mazarin avoit élevé madame de Châteauroux, qui ne s'en sépara jamais. Elle avoit été mariée fort jeune au marquis de la Tournelle. Il mourut, dit-on, éperdu d'amour pour sa femme. Les bons et les mauvais plaisans d'alors disoient que c'étoit de l'amour perdu, parce qu'il n'avoit jamais pu être heureux, et que les parens de madame de la Tournelle, ainsi que ceux de son mari, soutenoient le contraire par précaution. Je ne sais rien de tout cela, car je ne fus liée avec madame de la Tournelle et ses parens que lorsque le roi désira que sa sœur épousât votre père, et fit réellement leur mariage.

Quand la beauté de madame de la Tournelle fit du bruit à la cour, sa sœur, madame de Mailly, y régnoit déjà. Elle aimoit le roi, comme madame de la Vallière avoit aimé le roi Louis XIV. Mais on s'apercevoit bien vîte qu'avec la tendresse et les qualités de madame de la Vallière, le sort de madame de Mailly étoit aussi d'habiter plus long-temps le Val-de-Grâce que Versailles. On voyoit qu'au milieu de la cour, et de la sienne, madame de Mailly avoit l'air d'une pénitente.

Il faut, avant de vous parler de madame de Châteauroux, et de ne plus vous parler que d'elle, vous apprendre ce qui prépara la liaison du roi avec madame de Mailly, et par conséquent le premier éclat du roi en ce genre. Il faut vous dire aussi que le maréchal de Villeroy, appelé par Louis XIV son favori, pour le consoler des disgrâces de la guerre, avoit obtenu du feu roi, et à la prière de sa belle-fille, de nommer l'évêque de Fréjus précepteur de Louis XV. Il avoit été aumônier du roi. Les jeunes gens de famille, sans être de la cour, n'avoient guère d'autres moyens de parvenir aux évêchés qu'avoient tout-à-coup des gens en grand crédit, ou ceux qu'un éminent mérite ou bien une haute réputation y portoient. La chapelle du roi étoit pour les jeunes ecclésiastiques une autre espèce de séminaire qui les préparoit à entrer dans le monde, comme les mousquetaires étoient une seconde éducation pour ceux qui se destinoient au service. Et puisque je vous ai parlé de l'intérêt de la maréchale de Villeroy pour l'abbé de Fleury, il faut vous dire quelles étoient les mœurs de la cour. Je reviendrai ensuite à madame de Châteauroux.

Dans ce temps, une jeune femme de la cour ne manquoit guère de se donner une certaine considération en recevant les assiduités des courtisans distingués par les bontés du roi, et que leur âge rendoit plus capables de soins que d'entreprises. La duchesse de Tallart disoit qu'il en falloit passer par-là; c'étoit établi. Avoit-on environ trente ans, formé par conséquent quelques liaisons plus intimes; enfin, étoit-on parvenue à être quelque chose parce qu'on étoit de tout, c'est-à-dire des soupers, des bals, des spectacles, des voyages, on commençoit à vivre un peu pour soi, et les vieux courtisans vous prioient de traiter avec bonté les jeunes gens qui leur appartenoient. Mais quand on avoit poussé cette vie aussi loin qu'elle pouvoit aller, et qu'il falloit s'apercevoir qu'allant encore partout, on commençoit pourtant à n'être de rien; qu'enfin les cérémonies avec lesquelles vous étiez reçue, les complimens qu'on vous faisoit, les égards dont vous ne pouviez pas vous défendre, vous avertissoient qùe, pour rester à la cour, il falloit pourtant quitter le monde, et que si vous pouviez remplir votre place à Versailles, y faire votre devoir, y vivre enfin, il ne falloit pas moins renoncer à sa vie, il n'y avoit pas d'autre parti à prendre que de se faire dévote, en attendant qu'on le devînt peut-être. On cessoit donc alors de parler de Corneille et de Racine, et l'on commençoit à parler de Bossuet et de Massillon. On n'alloit presque plus à la comédie, mais on alloit au sermon. On voyoit beaucoup moins les gens qui ne quittoient le théâtre de la cour que pour celui de Molière; mais on étoit remarquée par ceux qui suivoient le roi à la chapelle. N'avoit-on pas son carreau, avoit-on oublié son livre, ou bien en avoit-on pris un pour un autre, vous attiriez l'attention de quelque aumônier; enfin, la connoissance n'étoit point faite avec lui sans l'engager à venir chez vous.

On avoit déjà quitté les mouches, le rouge, les diamans, renoncé à la parure et pris la coiffe. Pendant tout cela vous n'aviez pas manqué de prendre pour confesseur celui du roi, ou bien quelque jésuite de ses amis : vous étiez parvenue à l'honneur de recevoir ces pieux personnages. Ces seigneurs de l'Église valoient bien les courtisans de Versailles. Si tout cela n'étoit pas un dédommagement, c'étoit du moins une compensation. Le père le Tellier, le père la Chaise étoient de véritables et de redoutables ministres. On leur demandoit ce qu'ils pensoient des mœurs et du mérite de M. l'abbé un tel; et quand ils en avoient parlé avec l'estime qu'ils ne manquoient pas d'accorder à l'objet de la vôtre, on parvenoit à donner à dîner au vieux seigneur jésuite et au jeune prélat. On disoit le *Benedicite*, c'étoit une prière ; on faisoit le signe de la croix, c'étoit une bénédiction, et par conséquent vous vous trouviez mariée ecclésiasticalement avec votre jeune abbé. Il prenoit un soin public de votre conscience ; vous vous intéressiez publiquement à sa fortune : aussi, aviez-vous été au débotté si le roi avoit été à la chasse, ou bien à l'appartement, que sais-je ? au jeu, vous rentriez le soir ; votre porte n'étoit ouverte qu'à votre directeur ; vous étiez en conférence ; il vous lisoit un chapitre d'un bon livre. On se quittoit à onze heures ; vos femmes faisoient la prière avec vous ; vous leur demandiez de l'eau bénite, et l'on se couchoit du moins dans les bras d'Abraham et de Jacob.

Vous voyez, mon cher enfant, qu'en vieillissant, la retenue des mœurs en devenoit l'hypocrisie : il y avoit sans doute des exceptions, mais elles devoient être bien rares, parce qu'elles n'étoient pas nécessaires, excepté pour la conscience, quand on en avoit une : la vie étoit tellement réglée par les devoirs de la société; tellement assujettie aux convenances, tellement remplie de riens indispensables pourtant, qu'aucune de ses actions n'étoit scandaleuse.

Les prédicateurs ne s'élevoient pas moins contre l'hypocrisie. J'ai beaucoup aimé l'archevêque de Cambrai, et connoissois davantage l'illustre Bossuet. Nous parlions un jour de cela. « N'est-il pas dangereux, » lui disois-je, « d'épuiser les lieux communs sur l'hypocrisie, au point d'en faire un paradoxe ? » — « Comment ! » me dit-il. — « Oui, » lui dis-je, « et que le mérite de n'être plus fausse vous inspire le courage d'être scandaleuse. » — « Parlons d'autre chose ! » me dit-il sérieusement. Vous aimeriez mieux une autre réponse. Il ne m'en fit pas d'autre.

Mais pour arriver à parler de madame de Châteauroux, il faut causer auparavant de sa sœur, madame de Mailly ; vous dire ce qui l'avoit attirée à la cour, et vous apprendre ce qu'étoit l'évêque de Fréjus. Il redoutoit l'empire que la reine pouvoit prendre sur Louis XV, et que devoit lui donner celui qu'avoient pris sur elle les gens qui l'avoient fait venir de bien loin sur le trône de France : M. le duc, madame de Prie, M. Duverney, auxquels la reine devoit assurément sa fortune royale. M. de Fleury, encore moins que personne, ne pouvoit douter que madame de Prie n'avoit voulu avoir pour reine que la princesse sur laquelle elle régneroit. Avant d'avoir pensé à la fille de Stanislas, elle avoit été, à Fontevrault, essayer sur la princesse de Vermandois, alors dans le couvent, le pouvoir qu'elle pourroit prendre sur elle, en lui parlant de la marier avec Louis XV. Mais madame de Prie ayant été effrayée de la surprise hautaine et spirituelle qu'une telle proposition, faite par un tel ambassadeur, avoit causée à cette jeune princesse, revint bien vîte à Paris, déterminer M. le duc à marier le roi à la fille de Stanislas Leszczynsky.

M. le duc avoit préparé le crédit dont il vouloit jouir à la cour, en épousant mademoiselle de Nantes, fille de Louis XIV et de madame de Montespan. A peine aussi le régent fut-il mort de l'apoplexie qui le frappa le 2 décembre 1722, à Versailles, que M. de la Vrillière avoit déjà porté au roi, et à signer, la patente de premier ministre; et le jeune monarque, doutant encore moins de sa propre incapacité pour les affaires, que du vœu de son conseil pour les confier à M. le duc, crut assurer sa liberté en se donnant un maître. L'augure n'étoit pas royal, et n'en fut que plus certain.

M. le duc l'ayant emporté au conseil sur la résistance de Fleury au mariage de Louis XV avec la fille de Stanislas, ce mariage fut conclu, et l'on eut bientôt pour reine de France la fille de ce roi que Charles XII, dans ses folies héroïques, avoit remis sur le trône de Pologne, mais dont le czar l'avoit chassé dans le cours des succès qu'il avoit su attendre.

L'évêque de Fréjus n'ayant pas eu de peine à prévoir l'empire que M. le duc, madame de Prie, M. Duverney, alloient prendre sur la reine, et qu'elle deviendroit son ennemie, prévint le jeune monarque des intrigues qu'on alloit faire contre lui. Il ne manqua pas de lui en parler avec assez de modération pour ouvrir un cœur qu'il avoit accoutumé à la défiance. Enfin le saint homme parvint à remplir son royal élève de reconnoissance, non pas pour ses services, on ne s'avise jamais d'en parler aux rois, mais pour les sacrifices qu'il lui feroit, s'il étoit dans le cas de lui en offrir. Quand le bon homme eut préparé la catastrophe de cette comédie, il ne fut plus question que de la faire représenter par les acteurs qui vouloient en jouer une autre, et de les forcer à jouer celle dont la catastrophe leur seroit fâcheuse. M. le duc et quelques ministres avec lui ayant, sous prétexte d'occasion, accoutumé le roi à leur entendre parler, chez la reine, d'affaires déjà décidées au conseil, et même à y prendre de lui quelque signature, le déterminèrent, un jour que le roi destinoit à la chasse et non point aux affaires, à tenir pourtant un petit conseil chez la reine. M. le duc ne manqua pas d'en avertir M. de Fréjus ; mais n'ayant pas manqué non plus à préparer le malentendu qui devoit l'empêcher d'assister à ce conseil, s'y étant présenté, l'huissier de la reine lui dit qu'elle étoit enfermée, et ne l'attendoit pas. Le bon homme n'eut garde d'insister, et s'en alla, sans mot dire à personne, dans la maison de campagne qu'il avoit à Issy, et qu'il appeloit sa maison de retraite, et dans laquelle il ne recevoit réellement que des Sulpiciens qui avoient une maison près de la sienne. Le roi ne sut tout cela que par la lettre que M. de Fréjus lui écrivit en arrivant à Issy. Il n'y parloit que de l'événement qui l'avoit décidé à ne plus penser qu'à son salut et à celui de son royal élève. Il s'étoit bien donné de garde d'écrire une lettre dont on eût pu faire usage, dans le cas où le roi la montreroit à M. le duc et à la reine.

D'ailleurs le roi étoit déjà prévenu sur les causes de cette retraite; ainsi, la lui annoncer, c'étoit accuser, sans se compromettre, M. le duc, madame de Prie, M. Duverney. A la lecture de cette lettre, le roi fondit en larmes. L'expression d'une douleur dont on ne le croyoit pas susceptible eut à peu près l'effet qu'auroit eu celle de la colère. La reine en trembla, M. le duc se crut perdu. Il pouvoit s'excuser près du roi, puisque l'évêque de Fréjus avoit pris son parti de lui-même. Mais le roi, bien prévenu sur les causes qui le lui avoient fait prendre, exigea de M. le duc d'écrire de sa part à l'évêque de revenir incontinent à Versailles et au conseil. Le saint homme, revenu, dès le lendemain matin, à Versailles, n'eut garde de se plaindre, et n'annonça son triomphe qu'en affectant une plus grande modestie. Il se contenta d'abord de s'emparer des affaires sans paroître gouverner. Mais quelque temps ensuite, croyant assurer la tranquillité du jeune monarque par l'exil de M. le duc, il le fit arrêter par le duc de Charost, capitaine des gardes, à l'instant où il partoit pour Rambouillet, où il croyoit aller à la chasse avec le roi, mais où il étoit allé, non pas pour y chasser avec M. le duc, mais pour y attendre la nouvelle de son exil à Chantilly. Madame de Prie fut exilée en Normandie, où elle mourut bientôt et réellement de rage; et Duverney fut mis à la Bastille.

Cette journée rappela aux courtisans celle qu'ils avoient nommée autrefois la journée des dupes; et comme celle-ci étoit la parodie de l'autre, elle en porta aussi le nom. Nous en étions déjà aux parodies; et je ne sais quels spectacles seront ceux de votre temps.

Vous croyez la reine consternée du

coup qui avoit frappé son protecteur, son amie, et son conseil. Elle les avoit si peu choisis, qu'on ne sait pas trop jusqu'à quel point elle les regretta, ni jusqu'à quel point elle se crut isolée par leur éloignement. La reine étoit trop accoutumée à des malheurs, pour ne pas soutenir des revers, et son maintien fut si bon qu'on n'y vit que de la prudence. On la disoit élevée par ses parens dans les principes d'une haute dévotion, et l'on crut dès-lors ce qu'on pensa depuis, qu'elle avoit une parfaite résignation dans la Providence. Le roi, qui ne s'attendoit pas à tant de modération de sa part, lui en témoigna son contentement par des attentions et quelques soins. L'évêque de Fréjus commença à craindre de trouver en sa personne une ennemie redoutable. Il devoit donc la perdre dans le cœur du roi, et pourtant l'y ménager; et dès-lors il s'occupa de la première infidélité du roi. Lui et la maréchale de Villeroy la préparèrent. Il faudra bien vous en parler. Mais pour vous faire comprendre tout ce que j'ai à vous dire là-dessus, il faut absolument vous donner quelques idées de Versailles à cette époque, et vous montrer à quelle heure se trouvoit l'aiguille du cadran du château. Et comme les gens qui étoient encore à la cour étoient nés sous celle de Louis XIV, il faut que vous sachiez que ce qu'on nommoit alors des « mœurs » ne ressembloit guère à ce qu'on appeloit en ce temps, et à Paris, les mœurs de la cour. Il n'y a pourtant que quatre lieues de distance entre ces deux villes; on en fait aisément le chemin en deux heures, mais il n'en falloit pas davantage pour avoir fait un grand voyage. Si, dans ce court trajet, et dans un beaucoup plus court, on eût passé les limites de deux

États différens, les idées dont la différence paroît toute simple dans des capitales éloignées l'une de l'autre n'étonneroient qu'en les voyant venir, chacune de leur côté, se confondre pour ainsi dire en arrivant aux limites de ces États. L'effet de leur contraste pourroit se comparer à la surprise involontaire de rencontrer des étrangers dans le costume de leur pays, et tous différens du vôtre. La duchesse d'Aiguillon, qui a l'imagination brillante et vive, prétend qu'avant de se dire : « Voilà des voyageurs, » elle ne sauroit se défendre de se demander : « Par quel hasard ces gens-là et moi nous trouvons-nous ensemble ? » et soutient que cette surprise des yeux cède assez tard à la raison, pour être la véritable cause du charme qu'on trouve aux mascarades. « On ne sait plus, » dit-elle, « le pays dont on est, ni celui où l'on se trouve, et cela fait plaisir. » Mais nous avons souvent demandé à nos beaux esprits de nous faire comprendre comment ou pourquoi les mêmes hommes ont un ton, des manières, des idées différentes à Paris et à Versailles. Cela étoit extrêmement sensible du temps de madame Henriette ; cela le devint moins à l'époque de la duchesse de Bourgogne. Pourquoi l'est-ce encore moins à présent ? Vous le comprendrez, quand vous saurez ce que nos beaux esprits répondoient à la question dont nous les tourmentions souvent. Pourquoi deux heures de chemin changent-elles les mêmes hommes allant à Versailles, ou revenant à Paris ? Quelques-uns de ces messieurs disoient qu'on étoit plus près du soleil à Versailles : cette réponse n'éclairoit personne de nous. Les autres, que la masse de la société étant plus petite à Versailles qu'à Paris, leur différence influoit sur les gens qui passoient de l'une dans l'autre :

c'étoit l'avis de madame du Châtelet et de Voltaire.

La duchesse d'Aiguillon répondoit à cela que les masses étoient les mêmes, parce que c'étoient les mêmes personnes qui, tour-à-tour, étoient courtisans à Versailles et gens du monde à Paris; elle soutenoit avec M. de Montesquieu que la raison en étoit qu'on intriguoit à Versailles et qu'on s'amusoit à Paris. On leur objectoit que beaucoup de gens intriguoient encore à Paris, et que beaucoup d'autres s'amusoient à la cour. Enfin, comme le goût de causer sur « un sujet convenu » n'étoit pas totalement passé, parce que notre société tenoit encore un peu à celles de l'hôtel de Rambouillet et de l'hôtel de la Rochefoucauld, formées par les parens qui nous avoient élevés, nous parlions un soir, avec grand intérêt, de cette question, lorsqu'on nous annonça le vieux marquis de Flamarens. C'étoit un de ces ennuyeux auxquels on ne faisoit point fermer sa porte, parce qu'on n'y pense jamais, et qui, ne quittant point la cour, ennuyoient fort rarement à Paris. Le voilà tombé au milieu de nous. Qu'y fera-t-il? qu'y ferons-nous de lui? Je tâchois de contenir tout le monde, lorsque madame d'Aiguillon, charmée de mon embarras, crut y mettre le comble, ou me forcer moi-même à ne plus garder de mesures, en nous disant : « M. de Flamarens en sait peut-être plus que nous, et va trouver ce que nous cherchons depuis longtemps. » Enfin, malgré les signes que je peux lui faire, elle propose assez nettement la question à M. de Flamarens, pour qu'il prît la parole sans faire trop de complimens, et nous dise : « Dans ma grande jeunesse, le ton, les manières de la cour et de Paris, se ressembloient encore moins qu'à présent ;

mais aussi n'étoient-ils pas habités par les mêmes gens. » Ce mot commence à nous frapper, et de moqueuses que nous étions, nous voilà sérieuses. « D'abord, » continua-t-il, « les ministres ne quittoient jamais le roi sans un congé. Les grands officiers de la couronne ne s'absentoient pas non plus sans permission. Les personnes en charge, celles en place, restoient toujours à la cour, y vivoient continuellement. Versailles étoit leur pays ; ils étoient véritablement étrangers à Paris. » A cela madame d'Aiguillon ne tient pas, et se met à nous crier : « Il a raison, il a raison. » — « Sans doute, » reprit-il, « j'ai raison ; et pourquoi pas ? Les chefs de famille vivoient sous les yeux du roi. Du temps de Madame, il n'y avoit de grandeur, de politesse, d'esprit, de plaisirs, qu'à la cour. » — « Il a raison ! » s'écrie alors tout le monde ; et le bon homme, pas trop content du genre de son succès, nous laisse pourtant dans la confusion de le lui voir.

Vous comprendrez à présent que ce qu'on appeloit à Paris les mœurs de la cour n'étoit pas celles qu'on y avoit du temps de la maréchale de Villeroy, femme du gouverneur de Louis XV.

Ce que je vous ai dit des mœurs de ce temps vous fera comprendre qu'assez prononcées pour être distinguées de celles de Paris, le caractère de celles de la cour avoit un grand rapport avec l'esprit de la cour, et qu'ainsi le ton de ces mœurs étoit donné par le maître de cette cour.

Nous touchions, dans ma jeunesse, au moment où Louis XV pouvoit ne régner jamais. Qu'est-ce qui l'a rendu si vîte le plus puissant, le plus absolu de nos monarques? C'est autre chose; je ne veux parler que de ce qui étoit à la mort du feu roi. Vous comprendrez aisément que les courtisans admis par Louis XIV dans son intérieur y prenoient un air de confidence qui leur donnoit celui de l'empire sur le reste de la société, et qu'ils y portoient partout une espèce d'autorité. Le maréchal de Villeroy avoit ce ton, sa femme encore plus; et comme son beau-père avoit eu la confiance du feu roi, et son mari sa faveur, la maréchale, devenue dévote, sembloit avoir les secrets de l'Église comme ceux du conseil, et ne pas plus douter de son salut que de son crédit. Nous parlions un jour de cela avec le cardinal de Polignac, et convînmes que la maréchale paroissoit aussi sûre d'avoir son tabouret dans le ciel que chez le roi.

L'abbé de Fleury, qui avoit mérité ses bontés, et qu'elle avoit fait évêque, étoit devenu le plus infâme jésuite. Aussi, après avoir gâté les germes des bonnes qualités de Louis XV, avoir rompu les ressorts de son esprit, l'avoir rempli de préjugés, et son cœur de défiances, ne manqua-t-il pas de vouloir le retenir en ayant l'air de l'abandonner à madame de Mailly. Vous en jugerez bientôt par la conversation que le cardinal et moi eûmes ensemble, dès qu'il craignit le goût du roi pour madame de la Tournelle; et vous verrez que si ce détestable prêtre nous avoit préparé beaucoup de malheurs, un homme d'une réputation bien différente en a garanti le roi, et la France par conséquent.

Je ne sais si je vous ai dit que l'évêque de Fréjus étoit cardinal. Vous comprenez qu'il le devint quand il voulut l'être. Vous devinez qu'il en refusa la patente, et se contenta de l'ordre du roi pour faire travailler les ministres chez lui. L'État alloit tout seul; il avoit encore tout naturellement la prépondérance sur l'Europe, on n'en murmuroit pas moins à Paris, mais on en rioit davantage. Enfin, le commerce n'étoit pas sans vigueur, les arts sans goût, la France sans pouvoir, et la cour sans éclat.

Le roi vit un jour madame de la Tournelle à Petit-Bourg, chez le duc d'Antin. « Mon Dieu! » s'écria-t-il, « qu'elle est belle! »

Cela étoit si vrai que cela ne parut qu'une vérité, et non point annoncer aucun sentiment de la part du roi. Il étoit jeune, beau comme le jour; mais on croyoit que le cardinal étoit encore son précepteur, et l'on n'osoit pas trop se mêler des leçons qu'il en recevoit. D'ailleurs, madame de Mailly, ni enviée, ni considérée, étoit respectée. Ce choix sembloit la meilleure preuve des vertus politiques et chrétiennes du cardinal; aussi ne chercha-t-on point à trouver le roi épris de madame de la Tournelle.

Le roi n'avoit pas plus d'envie de deviner son penchant; il auroit mieux aimé le vaincre. Il craignoit que le cardinal lui remît les affaires, et madame de Mailly son cœur. Il ne pouvoit gouverner ni l'un ni l'autre; il ne demandoit donc pas mieux que de les leur laisser. Mais enfin le roi revit encore madame de la Tournelle chez le duc d'Antin, ami de madame la duchesse de Mazarin, qui ne se séparoit pas de madame de la Tournelle. Ce qui ne faisoit encore aucun bruit inquiétoit déjà le cardinal. Il me savoit extrêmement liée avec le maréchal de Richelieu. Mon mari l'étoit avec lui, parce qu'il étoit oncle de mademoiselle de Guise, femme du duc de Richelieu; et lui et moi étions amis, parce qu'il étoit brillant à la cour, spirituel dans le monde, et fort sûr en amitié. Comme tout cela le rendoit une espèce de favori du roi, qu'enfin il étoit homme à entreprises et à succès, je m'étois déjà aperçue que le cardinal en étoit tourmenté. Il ne me voyoit pas sans m'en parler; enfin, il me pressoit tant de le voir souvent, me recevoit si bien, que je m'attendois à quelque fausseté de sa part.

Lorsqu'un jour je lui rendis visite : « Je suis bien aise d'avoir l'honneur de vous voir, » me dit-il; « passons dans mon cabinet, nous serons mieux assis, et aurons le temps de causer. » Nous voilà assis, et n'en fûmes guère plus à notre aise. Il me parla de M. de Richelieu, cela ne disoit pas grand'chose; ensuite de l'abbé de Vauréal, pas grand'chose encore; parce que j'avois soin de couper les queues que pouvoient avoir ces deux sujets de conversation. Il en vint enfin à Petit-Bourg et à madame de la Tournelle. A peine a-t-il prononcé son nom, que, pour me forcer à ne pas me méprendre sur l'objet dont il vouloit m'occuper, il se met à soupirer. Mais le mot prononcé ne m'ayant point fait interpréter ses soupirs, il fut obligé de parler, et de me dire : « Eh bien ! on veut donc perdre le roi ? quand sera-t-il perdu ? » Je pensai lui répondre : « Quand vous voudrez, monseigneur; n'avez-vous pas tout crédit ? » Mais ce crédit me retint; et après lui avoir répondu sans doute d'une manière évasive, me prenant alors les mains, et soupirant de plus belle : « Il n'est pas question de tout cela, madame la duchesse; le roi est peut-être amoureux de madame de la Tournelle, et ce qui est encore plus sûr, c'est qu'on l'en rendra amoureux s'il ne l'est pas déjà. » — « Et comment, » lui dis-je, « votre éminence me croit-elle instruite de ce qui est, et même de ce qui doit être ? » — « Ah ! » me dit-il, « point d'artifice. Je vous parle dans l'affliction de mon cœur, parlez-moi dans la sincérité du vôtre. Le duc de Richelieu ne pense point à donner madame de la Tournelle au roi sans vous l'avoir confié. » — « Je vous jure, » repris-je, « que je n'en sais pas un mot. » — « Comment! » me dit-il, « pas un mot? » — « Pas un, » continuai-je. — « Vrai, vrai? » me dit le cardinal. » — « Si vrai, » dis-je, « que je ne crois pas que M. de Richelieu ait parlé de tout cela au roi. » — « Réellement? » me dit le cardinal. — « Si réellement, » repris-je, « que je crois qu'il seroit fâché que le roi se détachât de madame de Mailly. » — « Seroit-il possible! » me dit le cardinal; « cela me donneroit bien bonne opinion de votre ami. » — « Vous la lui devez tellement, » lui dis-je, « que, si vous voulez, je m'engage à l'instant de ne pas même le prévenir de vos inquiétudes, tant je pense qu'il n'a pas besoin de précautions pour se garantir de leur effet. »

Prenant alors un air moins affligé, et même celui de résignation : « Je craignois bien plus le duc de Richelieu qu'un autre : cela ne me rassure pas tout-à-fait sur le roi ; mais j'accepte votre promesse ; ne parlez de rien de tout ceci au duc de Richelieu ; ne le tentons pas de me punir de mes soupçons, et, pour m'en punir, de les changer en réalités. Qu'il ne sache rien de ce que nous disons, cela me donnera le temps de prendre des mesures. Ah ! si vous saviez combien il étoit nécessaire que madame de Mailly eût le cœur du roi, combien il serait funeste de le lui enlever, combien il faut le lui conserver, combien la maréchale de Villeroy eut raison, tout coupable que cela soit aux yeux de Dieu, de préparer cet engagement, de le former !... Je tiens sans doute un étrange langage pour un prêtre. Mais la cour de Louis XIV, celle de Louis XV, ressemblent trop peu à celle de saint Louis... Le roi commençoit à craindre la reine; elle avoit été livrée aux intrigues de M. le duc et de madame de Prie. Le roi pouvoit se perdre par un mauvais choix; il n'y en avoit qu'un bon qui pût le sauver..... Si vous saviez combien j'ai gémi aux pieds de cette croix; combien, la pressant sur mon cœur, je l'ai arrosée de mes larmes; combien j'ai maudit mon pouvoir, sans puissance sur le cœur du roi! Le roi a du moins les vertus de madame de Mailly; laissons-les-lui : je n'ai plus qu'un moment à vivre. Mais voir le roi, que Louis XIV m'a confié, trahir ses dernières espérances! je ne le verrois point sans punir les corrupteurs de sa jeunesse. » Je l'avois heureusement assuré d'avance que le duc de Richelieu ne pensoit pas à la corrompre, et je quittai le cardinal, satisfait, je pense, de ma conversation, et moi surprise de la sienne, quoique je susse qu'il étoit homme aussi à faire son Télémaque. C'étoit Tartufe, non pas dans la maison d'Orgon et dans la cuisine de madame Pernelle, mais Tartufe cardinal et premier ministre. Vous comprenez le genre d'inquiétude que madame de la Tournelle donnoit au cardinal. Il gouvernoit madame de Mailly sans qu'elle entendît jamais parler de lui. Je vous ai déjà dit qu'elle ne vouloit d'empire que sur le cœur du roi; et celui-là, le cardinal ne le lui disputoit pas. Mais il sentoit que les charmes de madame de la Tournelle feroient éprouver au roi des sentiments qu'il ne connoissoit pas, qu'ils troubleroient le cœur que madame de Mailly avoit à peine touché, et que la beauté de madame de la Tournelle, qui n'avoit point de rivale, ne voudroit bientôt plus connoître aucun genre de rivalité. Ainsi donc, pendant que le roi donnoit quelques alarmes involontaires à madame de Mailly, le cardinal s'occupoit fortement d'assurer sa tranquillité.

Madame de Mailly ne voyoit presque personne à Versailles, et n'alloit à Paris que pour y voir ses sœurs. Madame de la Tournelle ne venoit point à Versailles; ainsi madame de Mailly croyoit que le roi, n'ayant point d'occasion de voir sa sœur, ne s'en occuperoit pas, et qu'il n'avoit parlé d'elle qu'en parlant de Petit-Bourg.

Je pense que le cardinal ne délibéra pas long-temps sur le parti à prendre pour éloigner le roi de madame de la Tournelle. Il n'en avoit qu'un seul à prendre : mais employer son pouvoir à cet usage sans en compromettre la sainte autorité, c'étoit plus difficile; et ce que je vais vous dire, je l'ai appris depuis par la duchesse d'Aiguillon, mon intime amie, à laquelle M. de Maurepas l'avoit confié. Et vous saurez pourquoi, quand je vous parlerai de lui. Le cardinal l'avoit choisi pour faire peur au roi de madame de Mazarin et de madame de la Tournelle. Ce choix de M. de Maurepas pour jouer ce rôle étoit peut-être le meilleur possible. Le ministère n'avoit jamais été rempli que par la famille Colbert, Louvois et Pontchartrain : ces grands ministres formoient leurs enfans au ministère. M. de Maurepas étoit de la tribune ministérielle, et devint ministre avant d'être majeur, mais sous les yeux de MM. de Pontchartrain ses parens. Il étoit jeune, aimable, fin, spirituel, très-gai. Le cardinal pouvoit enfin le croire plus sûr qu'un autre, car, quoique marié, il n'eut jamais de femme. Étant dans le secret du cardinal, il lui fut bien facile, tout en riant, d'alarmer le roi sur l'ambition de madame de Mazarin, et de s'approcher assez d'elle pour se ménager en cas d'événemens, et se trouver en mesure de les prévoir. Il avoit donc l'air de rendre de petits services aux deux sœurs, et il put continuer à empêcher plus que jamais madame de Mazarin de paroître à la cour. Le mari de madame de la Tournelle étant mort, M. le prince de Soubise voulut l'épouser; mais madame de la Tournelle, ayant voulu persuader à tout le monde qu'elle ne pensoit pas plus au roi que lui à elle, permettoit qu'on la crût occupée de M. le duc d'Aiguillon; et le destinant peut-être dès-lors à être sacrifié au roi, elle refusa la main du prince de Soubise, afin de se conserver son inaltérable amitié.

Les assiduités de M. de Maurepas auprès de madame de la Tournelle ayant fait croire dans le monde que M. de Maurepas en étoit épris, il convint de cette passion pour mieux cacher son véritable secret. Il fit donc l'amoureux, et devint insupportable à madame de la Tournelle, qui aimoit les périls, et à laquelle M. d'Aiguillon n'avoit pas manqué de dire que la passion de M. de Maurepas n'étoit point dangereuse. Madame de la Tournelle humilia si fort M. de Maurepas, qu'il la tourmenta dès-lors de l'amour du roi pour madame de Mailly, et s'aperçut trop tard qu'il avoit rallumé dans le cœur de madame de la Tournelle un feu qu'il auroit voulu éteindre.

Madame de Mazarin mourut alors. Madame de la Tournelle, trop peu riche pour vivre convenablement à Paris sans quelques bienfaits de la cour, s'adresse à M. de Maurepas pour les lui obtenir; il ne manque pas de lui dire qu'il n'en sauroit parler au roi sans en prévenir M. le cardinal, et qu'elle devroit commencer par se mettre dans un couvent avant de solliciter son éminence. Outrée de dépit, madame de la Tournelle part pour Versailles, va chez le cardinal et s'y fait annoncer. « Qu'on la prie, » dit-il, « d'entrer dans mon cabinet. » Il l'y trouve; et, plus frappé de sa figure qu'étonné de sa présence : « Eh! mon dieu! » lui dit-il, « que voulez-vous? que voulez-vous de moi, madame? » — « Une place de dame du palais de la reine, » lui répondit-elle. — « Hé bien, madame, » lui dit-il en la reconduisant, « je vous promets d'en parler au roi. » Il prévoyoit que le voyage de madame de la Tournelle à Versailles, et que la visite qu'il en avoit reçue, feroient trop de bruit pour les cacher. Dès le soir, on en causoit par-tout. Madame de Mailly ne savoit qu'en penser;

le roi ne savoit qu'en dire. Le lendemain on parloit encore plus de ce voyage. « Comment! » disoit-on à madame de Mailly, « votre sœur est venue chez le cardinal, et point chez vous? » Elle étoit interdite, et le roi embarrassé. Enfin, le roi, ayant attendu huit jours que le cardinal lui parlât de la visite de madame de la Tournelle, lui demanda quel avoit été l'objet de la visite qu'il en avoit reçue. « Elle désire, » dit-il, » une place de dame du palais de la reine, et j'allois demander à votre majesté si elle veut que je mette son nom sur la liste des dames qui sollicitent le même honneur? » — « Oui, » lui dit le roi, « j'en ai parlé à la reine. » Et l'après-dînée il dit chez madame de Mailly ce qui s'étoit passé le matin entre lui et le cardinal. Madame de Mailly, ne pouvant plus se dissimuler l'embarras et les froideurs du roi, en conçut de mortelles alarmes : elle part pour Paris pendant que le roi étoit à la chasse, et prie madame de la Tournelle de venir la trouver. A peine y entre-t-elle, que madame de Mailly fond en larmes, et l'embrasse en criant : « Ma sœur, seroit-il possible ? » J'ai su depuis ces détails par madame de Châteauroux, qui me disoit que, voyant à sa sœur une douleur aussi profonde, elle lui avoit répondu : « Impossible, ma sœur ! » et croyoit réellement céder à tant d'amour et à tant de vertu.

Madame de Mailly, rassurée par sa sœur, et retournée à Versailles, dissimula si peu la joie de son cœur, que les gens qui étoient chez elle crurent lui plaire en lui donnant l'occasion d'en parler, et lui en demandèrent la cause. Elle dit qu'ayant été un moment à Paris, elle y avoit vu sa sœur, et comptoit presser le roi de lui donner la place vacante chez la reine. On fut un peu étonné d'un intérêt si tranquille, et le duc de Duras et le duc de Richelieu, qui descendirent au débotté, en parlèrent au roi, et remarquèrent que cette tranquillité de madame de Mailly avoit rendu le roi un peu sombre. M. de Richelieu me raconta tout cela, en me disant que le cardinal avoit enfin porté au roi la liste des dames qui demandoient la place à nommer dans le palais de la reine, et que le roi, ayant observé que le cardinal avoit mis le nom de madame de la Tournelle le dernier de tous, prit son crayon, effaça son nom, et le mit le premier sur la liste, en disant au cardinal : « La reine est prévenue et veut lui donner cette place. » On a prétendu que, dès cet instant, le cardinal sentit qu'il avoit perdu la sienne, et ne pensa plus qu'à se retirer. La reine ayant accepté madame de la Tournelle, il fut question de lui donner un appartement ; et le duc de Richelieu, qui ne doute de rien, m'avoua, lorsqu'on en parloit chez le roi, avoir dit : « Il y en a un qui n'est pas vacant, mais point occupé, celui de l'évêque de Rennes : je dirai à madame la duchesse de Brancas de lui écrire que le roi, espérant qu'il ne le lui refusera pas, l'a donné à madame de la Tournelle, en attendant qu'elle en ait un à elle. » Je fus donc obligé de mander tout cela à l'évêque de Rennes, et, quelques jours après, madame de la Tournelle occupa cet appartement; il étoit dans la cour des ministres, près de la cour des princes : il faudra bientôt le savoir.

Dès que madame de la Tournelle fut à la cour, tout le monde eut les yeux sur elle, et le roi n'en avoit que pour elle. Madame de Mailly vouloit de bonne foi attirer sa sœur chez elle; mais elle ne voulut jamais y rencontrer le roi, et n'y venoit que lorsqu'il étoit à la chasse.

On n'étoit guère moins surpris de voir madame de la Tournelle fort bien traitée par la reine, et tendrement aimée de sa sœur : mais on prétendoit, et non pas sans vraisemblance, que la reine, au lieu de ne marquer que de l'obéissance lorsque le roi la fit prévenir sur la nomination de madame de la Tournelle, en parut contente, et le fit assurer qu'il lui seroit agréable. Pour s'expliquer cela, on disoit que la reine, ne pouvant plus compter sur le cœur du roi, n'étoit point fâchée de préparer une rivale à madame de Mailly, qui le lui avoit enlevé lorsqu'elle pouvoit se flatter de le conserver plus long-temps, et qu'elle espéroit forcer ainsi le cardinal à quitter la cour de dépit, et le voir mourir encore plutôt de chagrin que de vieillesse. A l'égard de madame de Mailly, on expliquoit sa conduite avec sa sœur par l'aveuglement de l'amour le plus sincère. D'ailleurs, elle croyoit sa sœur attachée à M. le duc d'Aiguillon, et comptoit sur son caractère altier et les procédés généreux qu'il inspire.

Sa tranquillité fut bientôt troublée, non point par sa sœur, mais par la gêne que le roi ne pouvoit plus s'empêcher d'avoir avec elle, et la contrainte qu'il fut moins le maître de dissimuler, à mesure que l'extrême réserve de madame de la Tournelle ne lui donnoit aucun succès à cacher. Enfin, le froid s'établit si bien dans l'intérieur de la société du roi et de madame de Mailly, qu'on prévoyoit leur infaillible rupture. Elle s'approchoit à mesure que madame de Mailly devint moins la maîtresse de ses chagrins et même de son humeur. On s'occupoit de tout cela, lorsque M. de Richelieu, m'en parlant un jour fort sérieusement, me dit : « Ni l'un ni l'autre n'y tiendront pas long-temps ; ils vont se brouiller. Qui est-ce qui s'emparera de l'esprit du roi ? dans quels bras tombera-t-il ? car il faut qu'il tombe quelque part ; je n'en sais rien, et cela m'inquiète. » Je lui parlai alors de madame de la Tournelle ; le roi avoit été frappé de sa beauté ; personne ne pouvoit la lui disputer. J'étois surprise qu'on balançât sur ce choix. « Vous avez raison, » me dit M. de Richelieu, « mais vous ne connoissez pas les personnages comme moi. Madame de la Tournelle partage dans l'esprit du roi les préventions qu'on lui a données contre madame de Mazarin ; il la croit altière, intrigante comme sa tante, et m'en a parlé sur ce ton en me racontant ce que M. de Maurepas lui en disoit. N'ayant connu madame de la Tournelle que depuis son intimité avec le duc d'Aiguillon, je ne me suis pas trop mêlé de leurs affaires. Je voudrois seulement que le choix du roi fût bon, tout autre seroit très-fâcheux ; nous ne sommes pas déjà trop bien, il faut éviter d'être plus mal. Le cardinal n'étoit qu'un Tartufe, et ne valoit pas celui de Molière. On l'a cru un grand politique, pour s'être avisé un jour d'appeler les fermiers-généraux les « colonnes de l'État. » Il a construit un bel édifice avec ses colonnes ! Il a fait de la cour une espèce de halle, où ses fermiers-généraux vendent la France. Le cardinal ne vouloit que des prêtres et des financiers : il faut s'en débarrasser. Je vais m'en occuper ; j'irai plus souvent à Versailles, j'y resterai davantage, et vous instruirai de tout. »

Je fus donc six ou sept jours sans le voir, et à n'entendre sur tout cela que des bavardages. A son retour de Versailles, M. de Richelieu me dit : « Les choses sont plus avancées ; mais je ne sais trop ce qu'elles deviendront. J'ai trouvé madame de Mailly consternée, et le roi de si mauvaise humeur, que, voyant bien qu'il vouloit que je m'en aperçusse, je lui parlai de tout cela ; il s'est ouvert à moi assez franchement ; mais voulant le décider : « Écrivez, » lui ai je dit, « à madame de la Tournelle ; « toute autre démarche auroit des incon- « véniens. Votre secret sera le sien, et sa « conduite décidera la vôtre. » Il lui a donc écrit, et deux fois, mais sans obtenir réponse. Il en étoit si piqué, que je lui promis d'aller chez madame de la Tournelle, voir ce qu'elle me diroit. Je fus donc chez elle hier au soir, mais ce matin j'ai dû apprendre au roi que je n'avois pu m'apercevoir de rien, et encore moins entendre quelque chose. Je l'ai laissé si mécontent, que madame de Mailly répandra sûrement beaucoup de larmes aujourd'hui. Cela ne peut plus durer. Je retourne à Versailles après souper, et j'y resterai tant qu'il faudra. »

Étant revenu quelques jours ensuite chez moi : « Eh bien ! » lui dis-je, « où en est-on ? » — « Ma foi, » me répondit-il, « on en dira ce qu'on voudra, et le duc d'Aiguillon lui-même, mais, en conscience, j'ai été obligé de tout arranger. » — « Comment, » dis-je, « arrangé ? » — « Oui, dit-il, arrangé, pour que cela finisse bien pour tout le monde, convenablement au moins pour chacun ; et, en vérité, ce n'est pas sans peine. Vous savez que le roi n'aime pas les entreprises. Le cardinal l'a perdu en l'accoutumant aux choses faciles. Il lui donnera son royaume, comme il lui a donné madame de Mailly. Tel ministre fera ceci, tel autre cela, et le contrôleur-général donnera de l'argent à tous. Je vous jure que le roi est en amour comme en affaires, et en affaires comme en amour. Aussi ne s'est-on point aperçu de l'inévitable rupture avec madame de Mailly sans que chacun ait pensé à lui éviter la peine d'un choix. Le roi m'a dit presqu'en colère : « Vous avez voulu « que j'écrivisse, j'ai écrit, j'ai écrit deux « fois ; vous ne me conseillerez pas ap- « paremment d'écrire une troisième ; « j'ai pris mon parti et pense à quel- « qu'un. » — « A merveille, » lui ai-je répondu ; c'est la seule chose à faire ; et comme madame de la Tournelle, que vous ne connoissez pas, ne peut être pour vous qu'une tentation, et non pas une passion, on peut s'en guérir bien vite. » — « Ainsi ferai-je, » répondit le roi. « Il n'y a que madame de Mailly qui m'embarrasse. » — « Et voilà, » dis-je au roi, « ce qui doit beaucoup moins embarrasser votre majesté que toute autre chose. Je me charge, moi, de ce qui est convenable entr'elle et votre majesté. Je ne lui apprendrai pas qu'elle n'en est plus aimée ; elle en meurt de chagrin ; mais je l'occuperai du seul moyen de sauver sa gloire. Vous n'entendrez sûrement plus parler d'elle.» — Le roi le désiroit si fort, qu'il me dit en me serrant la main : — « En êtes-vous bien sûr ? m'en répondez-vous ? » — « Je la connois trop bien, » dis-je, « pour en douter. Elle sera si profondément désolée, qu'elle se jettera vraisemblablement tout de suite dans un couvent.» Le roi respirant alors, je saisis l'instant de sa nouvelle liberté pour lui parler du choix qui devoit bientôt la lui faire perdre. Et alors il me demanda si je connoissois madame une telle, et puis telle autre, et puis celle-ci, et puis celle-là, et vous comprenez ce que je ne manquai pas d'en dire. Le roi, me regardant alors tout étonné, me disoit :

« Qu'est-ce donc que ces femmes-là ? » — « Des femmes galantes assez jolies, » répondis-je, « et pas mal ennuyeuses au bout de vingt-quatre heures. » — « Il « faut donc, » me dit le roi, « penser à « une femme qui me tente quoiqu'elle « m'inquiète. Avez-vous eu aussi ma- « dame de *** ? » — « Ah ! pour ça oui, » lui dis-je ; « elle m'a fait trop de noirceurs pour jamais l'oublier : c'est madame de Prie, absolument elle. » Je n'eus pas prononcé ce nom, que le roi changea de visage, et me dit : « N'en « parlons plus. Mais que faire ? Pas « même de réponse de madame de la « Tournelle ! » — « C'est que madame de la Tournelle, » repris-je, « ne ressemble point à madame de *** ; c'est que, belle comme les Amours, elle doit être une conquête ; c'est que vos généraux ne feront point cette conquête pour vous ; c'est qu'elle ne sera point conquise, si vous ne la conquerez pas. Assurément vos pareils ont des avantages ; mais le plus grand en amour est d'être jeune, beau comme votre majesté, et sur-tout d'être aimable. François Ier, Henri IV, Louis XIV, se donnèrent la peine de plaire : celle-là devroit coûter moins à votre majesté qu'à personne. Mais une maîtresse n'est point un porte-feuille, et si vos ministres vous apportent le leur à votre conseil, je doute fort qu'ils puissent mettre madame de la Tournelle dans vos bras. Il faut lui plaire, et commencer par lui dire que vous en êtes épris. »

« Vous voyez, ma tante, » me dit le duc de Richelieu, « que je donne aussi des leçons au roi ; et les miennes valent mieux que celles du cardinal, n'est-ce pas ? »

Il me conta ensuite que, s'étant engagé à tirer le roi d'embarras avec madame de Mailly, et à rompre la glace avec madame de la Tournelle, il avoit commencé par lui apprendre qu'il venoit la trouver de la part du roi; et que, dans son premier mouvement, elle avoit dit : « Et ma sœur ? » et qu'il lui avoit répondu : « Le roi est indigne de tant de vertus, et l'est bien moins de vos charmes. Depuis un mois, les plus malheureuses créatures de la France sont le roi et sa maîtresse, tout est fini entr'eux; mais il faut que tout s'achève convenablement; cela dépend de vous, et par égard pour votre sœur, vous devez recevoir le roi dès ce soir. Ce que j'ai l'air de vous demander pour lui et de sa part, il n'en sait rien, parce que je le demande pour votre sœur et pour vous, comme le seul moyen d'éviter les hasards d'une rupture inévitable et très-prochaine. C'est bien assez d'être malheureux; il ne faut pas devenir la fable de la cour. Je suivrai le roi chez vous. Rien ne l'empêchera d'y venir, dès que je lui aurai dit que vous me permettez de l'y accompagner.» Enfin, madame de la Tournelle, ne sachant rien de ce qui arrivoit à sa sœur, et ne sachant guère mieux ce qui lui arrivoit à elle-même, consentit à recevoir le roi et le duc de Richelieu à une heure après minuit.

Étant sûr de ce rendez-vous, le duc de Richelieu alla trouver madame de Mailly. « Vous me voyez désolé, » lui dit-il, « vous ne devez plus penser qu'à votre gloire. Je ne me suis occupé que d'elle depuis que vous ne pouvez plus aimer le roi. Il méritoit trop peu votre cœur; il faut renoncer au roi qui vous délaisse. Je vous mènerai, dès que vous voudrez, à Paris. » — « Mes sacrifices sont consommés, » lui dit-elle, « j'en mourrai; mais je serai ce soir à Paris. »

Le duc de Richelieu avoit bien des

choses à raconter au roi ; mais tout content qu'il fût de les apprendre, la rapidité des événemens qui changeoient sa situation, et forçoient l'indécision de son caractère, paraissant l'étonner, le duc de Richelieu me dit que, pour empêcher le roi de se refroidir, et le décider tout-à-fait, il lui avoit dit : « Ce n'est pas tout ; nous savons nos rôles à présent, mais il faut les jouer. Tout seroit perdu si l'on nous voyoit aller la nuit chez madame de la Tournelle ; et nous avons de grandes cours à passer. Il faut qu'après son coucher, votre majesté monte chez moi ; elle y trouvera ce qu'il faut, et nous irons ensemble chez madame de la Tournelle, que j'ai prévenue de notre déguisement. »

Vous savez qu'un masque donne souvent à l'Opéra l'assurance qui manque dans le monde. Le déguisement dont parloit M. de Richelieu au roi le rassura ; enfin, tout fut convenu.

Un peu après minuit, le roi trouva chez M. de Richelieu de grandes perruques que les médecins portoient encore, des habits noirs, des manteaux. Les voilà déguisés, et vont ainsi chez madame de la Tournelle. Leur première surprise empêcha leur premier embarras, c'étoit beaucoup ; et sans leur donner le temps d'en revenir, M. de Richelieu leur en causa une autre, en leur apprenant que madame de Mailly étoit partie pour Paris ; et l'on se quitta chacun fort aise de n'avoir point été obligé de parler pour s'instruire. Ces visites nocturnes durèrent un mois ; et peu à peu devinrent moins silencieuses que la première. Pendant le temps de cette mascarade, il y eut sans doute des gens qui reconnurent les masques ; et je pense que le duc de Richelieu eut le sien plus souvent à la main que sur sa figure. Tout cela étoit son ouvrage ; aussi avoit-il mis d'abord dans cette aventure son caractère, et ensuite son esprit.

En voyant le roi dans les bras de madame de Mailly : « Il est toujours, » disoit-il, « aux pieds du cardinal ; nous aurons bien de la peine à le relever. » Ce mot, il ne me le répétoit pas sans que je lui dise : « Mon neveu, il y a plus de sens dans cette parole que dans le testament de votre grand-oncle (1) ; » et il en convenoit.

Le duc de Richelieu, et nous tous, sentions que, pour devenir maître, le roi avoit un indispensable besoin d'une maîtresse. « Le cardinal a sans doute bien fait, » disoit M. de Richelieu, « de mettre sainte Mailly dans le lit du roi, c'étoit édifiant ; mais puisque la voilà

(1) Le cardinal de Richelieu.

dans le ciel, je ne souffrirai pas que le roi fasse un mauvais choix. Qu'on prenne des femmes, comme moi, quand on sait les quitter, comme moi, fort bien; mais le roi n'en est pas là; il faut qu'il soit pris lui-même. J'ai tremblé quand il m'a parlé de madame *** ; mais comme il me sait homme à bonnes fortunes, j'ai si bien arrangé les femmes dont il me parloit, qu'il n'y avoit plus qu'un seul obstacle contre madame de la Tournelle : c'étoit le plus fort : la peur que sa foiblesse lui inspiroit du caractère de l'autre. Je l'aurois vainement combattue en lui disant que le cardinal lui avoit fait faire des contes sur elle par Maurepas. Si je lui eusse donné le temps de se reconnoître, de respirer, entre le départ de madame de Mailly et le rendez-vous de madame de la Tournelle, tout étoit perdu : il ne falloit plus que mettre un peu tout le monde à l'aise. J'imaginai bien vîte la mascarade : le roi reprit son état naturel sous le masque. J'en avois dit un mot à madame de la Tournelle, afin qu'elle prévînt ses femmes de laisser entrer les médecins qui la viendroient voir ; mais elle fut si étonnée de notre accoutrement, que la surprise qu'on se causoit réciproquement tint lieu d'entretien. Ce dont je rirai long-temps, c'est que la première déclaration d'amour du roi à madame de la Tournelle, le roi la lui a faite en grande perruque carrée. Il ne pensa pas à la quitter ; et madame de la Tournelle sembloit y chercher son beau visage, sans oser encore l'y découvrir ; enfin, la visite fut courte, tout étoit dit en se voyant. »

Voilà ce que nous raconta M. de Richelieu, à moi et à madame la duchesse d'Aiguillon, ce qu'il nous a redit souvent depuis, et ce que mon amie et moi avons eu occasion de nous rappeler quelquefois.

Le roi, sachant que de tout temps j'étois l'intime amie du duc de Richelieu, et que, malgré cela, le cardinal de Fleury me traitoit avec beaucoup d'égards, avoit donc en moi une confiance particulière. Enfin, et c'est lui qui m'en fit part, lorsqu'il sentit lui-même qu'il s'étoit abandonné à madame de Châteauroux, il désira me donner quelques droits sur elle en mariant sa sœur à mon fils. Il espéroit trouver dans mon expérience de la cour et dans la résolution de mon caractère quelques secours contre la foiblesse du sien. Cette foiblesse étoit-elle naturelle? Je ne le crois pas. Qu'est-ce qui en fut la cause? Voici ce que je pense là-dessus. L'enfance de cet homme que vous voyez si beau, si fort maintenant, fut tellement longue et souffrante, qu'elle sembloit ne tenir qu'à un souffle. A peine aussi osoit-on approcher de lui, de peur d'arrêter sa respiration. Quand on pensoit que les destinées de tant d'hommes, que le sort de la France, dépendoient pourtant d'une existence si fragile, on éprouvoit une sorte de terreur. On ne pensoit pas, sans trembler, que le berceau d'un malheureux enfant pût devenir, d'un moment à l'autre, le tombeau de la monarchie entière, et que des guerres civiles en pussent sortir. Aussi, notre ami le comte de Boulainvilliers persécuta-t-il dès lors M. le régent pour convoquer les états-généraux; et, en vérité, je ne sais ce qu'il en fût arrivé, si le cardinal Dubois fût mort plus tôt et si le régent fût mort plus tard. Mais il faut revenir à l'enfance du roi. Ses jours furent donc conservés. Le régent étoit si loin d'être un grand homme, et certainement il l'eût été sans la pétulance de son esprit et la facilité de satisfaire tous les goûts imaginables. Je l'ai beaucoup connu. Il nommoit mon beau-père Philis; et dans nos spirituelles gaietés, il m'appeloit quelquefois M. le duc. Cela seul vous suffit apparemment pour vous faire sentir comment nous étions ensemble.

Je vous assure que, bien loin d'être capable du crime trop facile qui l'eût rendu roi, il étoit si capable d'idées justes et généreuses sur la royauté, qu'il nous disoit, en parlant de Louis XV : « Hé bien! nous l'élèverons pour être roi du duc de Saint-Simon et du comte de Boulainvilliers; il semble destiné pour cela. Pour moi, je suis déjà trop gâté, n'est-il pas vrai? » Et de là des saillies, et puis de la dissipation.

Malgré les infâmes histoires de Paris sur le régent, voilà la vérité. Mais je vous l'ai dit, le cardinal Dubois vécut trop long-temps, et le régent mourut trop tôt. Reparlons maintenant de l'enfance du roi. On ne pensa longtemps qu'à le faire vivre. Le maréchal de Villeroy ne songeoit qu'à cela, et ne manquoit pas d'avoir la sotte impertinence de prendre des précautions contre M. le régent. Le père du maréchal avoit donné l'évêque de Fréjus pour précepteur au roi; et comme le régent trouvoit dans la foiblesse de la constitution de notre monarque de quoi fortifier la monarchie, l'évêque de Fréjus ne chercha dans cette foiblesse du roi que le moyen de devenir cardinal et premier ministre. « C'étoit la fortune d'un homme de rien, » disoit le comte de Boulainvilliers; « la nôtre eût été de devenir citoyens (1). »

(1) Dans sa liste des écrivains, sous Louis XIV, M. de Voltaire indique M. le comte de Boulainvilliers, de la maison de Crouy, comme l'homme de France le plus capable d'en écrire l'histoire; et dit de lui, qu'« il étoit citoyen ».

Le roi, peut-être incapable de recevoir l'éducation que l'illustre Fénelon donna à son père le duc de Bourgogne, eut peut-être aussi la plus mauvaise qu'il pût recevoir. L'abbé de Fleury fut pourtant son précepteur. Son « Histoire ecclésiastique » lui procura cette place; et ses « Discours » l'en eussent rendu digne : mais à peine osoit-il en parler. J'avois voulu le voir, m'entretenir avec lui. Mais causant un jour ensemble, je m'avisai de lui dire qu'il avoit tort de cacher le mérite de ses Discours sous la réputation de son Histoire. « Je me flatte, » me dit-il en se levant, « que M. le cardinal me trouve assez de mérite. » Et depuis, je ne l'ai jamais pu ravoir chez moi. Quand on dépendoit du cardinal, il falloit être jésuite à Versailles, ou sulpicien à Paris; et l'abbé de Fleury avoit peur de passer pour un philosophe.

On ne sait donc ce qu'eût été le roi,

s'il fût né avec une bonne santé. On ne sait guère davantage ce qu'il fût devenu, si sa jeunesse, comme celle du duc de Bourgogne, eût été formée par Fénelon, par le duc de Montausier, par le duc de Chevreuse. On sait encore moins ce qui lui seroit arrivé sans la mort du régent. Ce qu'il auroit pu acquérir de brillant est devenu de la prudence. Ignorant les principes de son pouvoir, il craignoit d'en compromettre les effets; et n'osoit gouverner, parce qu'il étoit absolu. Il redoutoit donc une maîtresse, parce qu'il avoit besoin d'en avoir une, et M. de Richelieu vint à bout de lui donner celle qui convenoit à tout.

Le roi me parloit de ses amours, ainsi que Néron à Burrhus, avec quelque difficulté. Mais un jour qu'il étoit presque dépité contre madame de Châteauroux : — « Voyez, » me dit-il, « comme elle me traite, et dites-lui-en ce que vous en pensez. Elle ne se mêle des affaires de personne, cela n'est pas digne d'elle ; mais des ministres, du parlement, de la paix, elle ne cesse de m'en parler ; cela me désole. Je lui ai déjà dit plusieurs fois qu'elle me tuoit. Savez-vous ce qu'elle me répond ? « Tant mieux, « sire, il faut qu'un roi ressuscite, et je « vous ressusciterai. » Je n'y comprends rien. Elle m'enivre d'amour, et je pense quelquefois qu'elle voudroit me rendre la raison. » — « Son amour n'est point une foiblesse, encore moins un artifice, mais la passion de votre gloire. Vous êtes trop heureux, sire, de vous plaindre de son empire ; il falloit en éprouver la force, pour en sentir le charme. » — « Eh bien ! » me dit le roi avec une grâce inexprimable, » vous avez peut-être raison. Mais venez nous voir souvent. »

Vous ne serez donc pas étonné que

madame de Châteauroux ait déterminé le roi à se mettre à la tête de son armée et à faire la campagne de Flandre. Autrefois Louis XIV y mena madame de Montespan. Ce n'étoit pas la même chose; mais c'étoit encore le même spectacle de gloire et de galanterie.

Après cette campagne, madame de Châteauroux ne fut pas même tentée de revenir à Versailles, et le roi, subjugué par le caractère de madame de Châteauroux, consentit de s'approcher de son armée d'Alsace, et d'attendre à Metz qu'il fût possible d'entreprendre le siége de Fribourg.

Le roi tomba bientôt malade, et madame de Châteauroux, ne pouvant plus soutenir dans son âme, ni dans son esprit, une vigueur qui leur étoit étrangère, ne mit d'espérance que dans la jeunesse du roi, l'habileté de son médecin, et l'amitié de La Peyronie pour elle. Mais comment espérer qu'ils auroient le courage de résister à l'intrigue qui, pour s'emparer du roi, devoit bientôt les forcer d'annoncer qu'ils ne répondoient pas de ses jours? Elle pria donc Chirac et La Peyronie de venir chez elle. « Vous connoissez mon caractère, » leur dit-elle ; « je connois vos talents et vos personnes : ce n'est pas assez de sauver le roi, il faut sauver le roi et la France. Si sa vie dépend de votre art, sa gloire dépend de votre courage. Aurez-vous celui de résister aux prêtres, aux courtisans qui voudront s'en emparer au moindre danger? Si ce danger n'existe pas, aurez-vous la force de le soutenir? S'il existe, aurez-vous la force de m'en avertir la première? » Ils s'y engagèrent, et tinrent parole.

La fièvre augmentant, il fut aisé à quelques gens de bonne foi et à tous les autres, enfin aux ennemis de madame de Châteauroux, de répandre de vives alarmes. Le roi eut de fréquents transports. Madame de Châteauroux ne le quittoit pas. Personne n'avoit encore osé en approcher; mais ses transports étant devenus plus forts et plus longs, ce qui composoit la cour força Chirac et La Peyronie (1) à consulter publiquement, et à déclarer ce qu'ils pensoient de l'état du roi. Chirac étoit un grand médecin, homme de caractère et de beaucoup d'esprit ; La Peyronie étoit habile et loyal. « Nous pensons, M. de La Peyronie et moi, » dit Chirac devant tout le monde, « la même chose de l'état du roi ; si vous ne voulez savoir que cela, le voici : Il a beaucoup de fièvre; elle lui donne des transports : vous en êtes effrayés, parce que vous n'êtes pas médecins; nous n'en sommes pas ef-

(1) Il étoit premier chirurgien du roi.

frayés, parce que nous sommes médecins : comme tels, nous vous déclarons que la maladie du roi n'a pas encore de caractère. Mais puisque vous nous rendez responsables de ce qui n'est pas encore, craignez de répondre de l'effet des alarmes que vous répandez déjà. Si le roi peut s'en apercevoir, nous ne serons plus les maîtres de calmer ses transports fiévreux : vous leur donnerez un autre caractère ; vous l'aurez mis en danger, et vous serez cause d'un événement qui n'aura pas dépendu de nous. » La Peyronie répéta la même chose.

Tous les gens qui venoient de les entendre ne dirent mot, et s'assemblèrent chez l'évêque de Soissons, premier aumônier de France, et que sa charge avoit conduit à Metz. Vous comprenez combien on fut étonné, choqué, scandalisé des discours de Chirac et de La Peyronie : on les disoit huguenots, et dévoués comme tels à madame de Châteauroux. Enfin, il fut question de les arrêter. Mais par quel ordre, et quels autres médecins donner au roi? On ne savoit quel parti prendre, lorsqu'après un long transport, le roi se trouvant mal, on crut qu'il suffisoit, pour le faire revenir, de mettre sous son nez du papier brûlant, et de lui en faire respirer la fumée; mais s'étant remué fortement, il se brûla, et, moitié à lui, moitié hors de lui-même, s'écria qu'il étoit en enfer. Dans ce moment, madame de Châteauroux avoit quitté sa chambre et monté dans la sienne. Les gens qui étoient dans celle du roi ne manquèrent pas d'effrayer ceux qui étoient dans les pièces voisines, et tous les gens d'église, suivis des courtisans, entrèrent chez le roi.

L'évêque de Soissons ne manqua pas de déclarer qu'il n'y avoit pas de temps à perdre; il s'approcha du roi, qui ne répondit rien : il fallut donc attendre. On en fut charmé, parce qu'on s'étoit emparé de la chambre du roi. M. de Richelieu, qui vint en avertir madame de Châteauroux, ne put l'empêcher d'y descendre qu'en se mettant au-devant d'elle. « Ce ne sera rien, » lui dit-il, « si cela ne doit pas finir, mais quelque chose qui arrive, si vous paroissez là-bas au milieu de tout cela, nous sommes perdus. » Il la détermina donc à rester chez elle, lui promit d'aller tout de suite chez le roi, de ne le pas quitter, et de l'avertir de tout.

Enfin, le roi paroissant plus calme, M. l'évêque de Soissons et le duc de la Rochefoucauld s'approchèrent de lui. « Votre majesté, » lui dit l'évêque de Soissons, « s'aperçoit que je remplis près d'elle mon ministère : quand votre majesté veut-elle se confesser ? » Après quelques moments de silence, le roi lui dit : « Je suis trop faible à présent; je dirai à Chirac de me donner quelque chose, et vous le ferai savoir. » Il fallut que l'évêque de Soissons et tout le monde s'en allassent. Le duc de Richelieu, resté maître de la chambre, fit avertir madame de Châteauroux ; le roi leur dit : « Approchez l'un et l'autre; vous voyez tout ceci, je ne suis maître de rien : l'évêque de Soissons va revenir, il me donnera sûrement les sacrements. Épargnez-moi; montez chez vous : le duc de Richelieu aura soin de tout. » Et, alors, le duc de Richelieu entraîna madame de Châteauroux chez elle. L'évêque de Soissons, se doutant que madame de Châteauroux étoit chez le roi, y fût entré pour l'en chasser, si l'huissier ne lui en eût pas refusé la porte, en lui disant : « Le roi n'est pas seul, monseigneur, et ne vous a pas fait appeler; » mais un moment ensuite le roi le fit venir.

Il lui fut facile de troubler son âme et sa tête; et après l'avoir jeté, pour ainsi dire, dans les angoisses de la mort, il fit ouvrir toutes les portes, fit entrer tout le monde, et dit à haute voix : « Si le roi avoit la force de se faire entendre, il vous apprendroit que, pour entrer en état de grâce et recevoir l'absolution, il m'a juré de chasser de la cour madame de Châteauroux et madame de Lauraguais, avant d'être administré. »

Dès l'instant, M. de Belle-Isle, qui commandoit à Metz, leur donna sa voiture et ses gens pour aller à Paris, où elles arrivèrent dans cet *incognito*.

Le roi reçut donc les sacremens. Il fut bientôt ensuite si mal, que le duc de Bouillon, ami du roi, ami de madame de Châteauroux, et craignant qu'on outrageât la mémoire du roi en remettant sa cassette dans les mains de monseigneur le dauphin, ce qui étoit la confier au duc de Châtillon et aux dévots, demanda à Bachelier, premier valet-de-chambre du roi, cette cassette, pour la remettre, disoit-il, en cas d'événement, au parlement et à la cour des pairs. Là-dessus le duc de la Rochefoucauld, grand-maître de la garde-robe, prétendit, en cette qualité, avoir cette cassette, et la remettre au dauphin; et comme on n'avoit pas le temps d'entrer dans des disputes interminables, Bachelier prétendit aussi qu'il étoit de son devoir de remettre cette cassette au grand-maître de la garde-robe, et sa clef au chambellan, et il n'en fut plus question. Tout le monde étoit à peu près tiré d'embarras, et personne ne s'occupe guère d'autre chose; car la cour nous exposant sans cesse, tantôt aux caresses, tantôt aux caprices de la fortune, la vie ne tient pas beaucoup plus au temps passé qu'à l'avenir, et n'est réellement composée que de momens qui se suivent moins qu'ils ne se succèdent.

Pendant que madame de Châteauroux arrivoit, plus morte que vive, à Paris, où je l'abandonnerai quelque temps à ses douleurs, monseigneur (1) le dauphin venoit à Metz, conduit par le duc de Châtillon. Ce descendant des rois de Jérusalem n'en portoit assurément pas la couronne, mais la croix;

(1) Quand on lui parloit, on l'appeloit « monsieur ». Quand on en parloit, ou qu'on écrivoit en son nom, on employoit la qualification de « monseigneur ». Cet usage étoit moins bizarre qu'on le pense. On l'appeloit, en lui parlant « monsieur », parce que ce mot n'avoit point perdu pour lui la valeur qu'il avoit à l'époque où ce mot avoit été substitué à celui de « seigneur », qui lui-même avoit succédé au mot « sire », dénomination commune aux gens de première qualité : le « sire » de Coucy, de Nesle, etc.

c'étoit, dans le monde, une manière de pélerin égaré des routes de la ville céleste. Jamais personne plus que lui n'a fait sentir la différence entre être indigne ou incapable d'une grande place : il ne manquoit au duc de Châtillon, pour être digne de la sienne, que d'en être capable. Il avoit fait partir de Versailles monseigneur le dauphin si subitement, qu'au lieu d'un cortége convenable, il arrivoit à Metz pour faire les obsèques de son père, roi de France, et en prendre la couronne, comme un gentilhomme gascon seroit venu dans son village pour y enterrer son père et prendre possession de sa maison. Il n'avoit avec lui qu'un valet-de-chambre et deux gardes-du-corps. La santé du roi lui ayant rendu assez de force pour sentir vivement l'inconvenance du départ de M. le dauphin et celle de son arrivée, il ordonna à M. de Châtillon de s'arrêter où le trouveroit cet ordre. Il fallut obéir. Le lendemain il lui fut encore ordonné de ramener M. le dauphin à Versailles, et le duc de Châtillon fut exilé bientôt après.

Pendant que ceci se passoit, vous savez quelles furent les alarmes du peuple pour le roi ; vous comprenez qu'il ne fut jamais autant *son bon roi* que lorsqu'il craignit d'en avoir un qui ne fût pas si bon. Je vais vous montrer le peuple tel qu'il étoit alors : quand vous serez plus vieux, vous le connoîtrez ; et si jamais les événemens prévus par M. Ory et par M. Trudaine arrivent de votre temps, vous serez très-aise de pouvoir comparer les opinions qui suffisent pour agiter le peuple, avec les mouvements qui suffisent pour lui donner des opinions.

Vous savez que l'inquiétude sur la mort du roi remplissoit de monde toutes les églises. Les prêtres y lisoient les bulletins de Metz. Mais voici ce que vous ne savez pas, et ce qu'il faut savoir : dès que les dévots apprirent à Paris le triomphe de l'évêque de Soissons, ils répandirent aussitôt et par-tout une relation de la confession, de la contrition et de l'extrême-onction du roi. Elle fit grand plaisir au peuple; mais pour l'attendrir encore plus, et le charmer davantage, les prêtres montèrent, dès le soir même, dans les chaires, et y lurent une déclaration du roi, ou plutôt l'amende honorable qu'il avoit prononcée au lit de mort : c'étoit l'aveu public d'avoir été le plus grand pécheur du monde, et de tous les rois le plus indigne de régner. Cette prétendue déclaration du roi charma le peuple au point d'inquiéter le parlement, et sur-tout les gens du roi. Dès qu'on sut que sa majesté étoit moins mal, ils accoururent chez l'archevêque de Paris, et lui demandèrent compte du scandale de cette déclaration. Il soutint d'abord ne voir dans tout cela que l'édification générale : mais le lendemain, le roi allant encore mieux, les gens du parquet (1) allèrent signifier à l'archevêque que, s'il continuoit ainsi à édifier le peuple, et ne défendoit pas sur-le-champ à son clergé toute espèce d'édification semblable, le parlement les poursuivroit extraordinairement. Ils promirent donc de se taire, se turent, et en furent quittes à bon marché.

Pendant ces transports vraiment populaires, la reine et mesdames, rassurées sur la santé du roi à mesure qu'elles approchèrent de Metz, y arri-

(1) C'étoient le procureur-général et l'avocat-général; on les nommoit également les « gens du roi », ou les « gens du parquet ».

vèrent avec bien des espérances nouvelles. La vieille cour avoit peu de peine à se persuader que Dieu, après avoir frappé le roi, toucheroit son cœur. La dame d'honneur en étoit si dévotement persuadée, qu'un jour, trouvant le roi en état de donner à la reine des marques certaines d'une réconciliation sincère, fit changer le lit de la reine en une couche nuptiale, et mettre deux oreillers sur le traversin. Vous comprenez que tant d'espérances furent révélées par la joie des uns et l'étonnement des autres. La reine, depuis la convalescence du roi, étoit mise à merveille; elle portoit des robes couleur de rose. Les vieilles dames annonçoient leurs espérances par des rubans verts; enfin, depuis longtemps la parure de la toilette n'avoit été aussi spirituelle. On lui confioit le soin de tout annoncer, sans se compromettre : cela rappeloit l'ancienne galanterie. Mais vous concevez également le plaisir qu'eurent le duc de Bouillon et le duc de Richelieu à parler au roi de celui qu'on lui préparoit dans l'intérieur du palais de la reine. Il en parut si mécontent, que ces messieurs crurent ne pas lui déplaire en avertissant les mères des églises qu'elles avoient tort de préparer un *Te Deum* qu'elles ne chanteroient pas, et que rien n'étoit plus incertain que la conversion du roi. C'en étoit assez pour déterminer ces dames à changer leur toilette. Les unes prirent des couleurs plus modestes, les autres baissèrent leurs coiffures, d'autres mirent moins de rouge; enfin, les vieilles dames poussèrent la prudence jusqu'à replacer dans leurs cheveux le bec noir (1).

(1) Dans la coiffure de la cour, il falloit avoir quelque chose de noir; tantôt le bec, tantôt le fond ou les barbes. La grande cérémonie étoit le bon-

L'espoir dans la conversion du roi et dans les effets que la reine devoit en ressentir avoit été assez grand pour se contenter alors de messes basses, et pousser la confiance jusqu'à négliger vêpres et le sermon. Aussi, dès qu'on sut qu'au lieu d'avoir exaucé tant de prières, le ciel en demandoit de plus vives pour s'attendrir sur le sort de la reine, on ne quitta plus l'église. Tout cela ennuya si fort le roi, qu'il fit demander à la reine quand elle comptoit retourner à Versailles. Elle comprit que le roi désiroit qu'elle lui en demandât la permission, et, la lui ayant demandée le soir même, le roi lui permit de partir de Metz le lendemain. En annonçant aux courtisans le départ de la reine, le roi leur annonça que MM. les ducs de

net tout noir; la grande gaieté étoit de ne porter que les barbes noires.

Châtillon et de la Rochefoucauld étoient exilés, et que M. l'évêque de Soissons avoit ordre d'aller dans son diocèse et d'y rester.

On croyoit que le roi alloit retourner à Versailles ; il en parla au duc de Richelieu, en le priant de le précéder, et de prévenir madame de Châteauroux de son retour. « Je ne m'en aviserai pas, sire, » lui répondit le duc de Richelieu ; « je vous servirois trop mal ; elle ne nous pardonneroit jamais. » — « Que faut-il donc faire ? » lui dit le roi. « Aller à Fribourg, sire, » lui dit le duc de Richelieu ; « elle vouloit y suivre votre majesté. Vous devez lui annoncer qu'en remplissant ses projets, vous espérez qu'elle ne détruira pas les vôtres. Voilà ce que Henri IV eût mandé à la belle Gabrielle ; voilà la seule explication que vous deviez à madame de Châteauroux ; c'est la seule aussi qu'elle puisse accepter. »

Le roi étoit tellement sous le charme de madame de Châteauroux, que, dès le soir, sans en prévenir aucun ministre, il dit à ses courtisans :. « Je devois aller à Fribourg ; je pars dans deux jours pour Strasbourg, et vais, messieurs, vous donner des cocardes. » Trouvant alors celles qu'on lui apportoit, mal faites : « J'en ai, » dit-il, « de belles dans ma cassette ; elles étoient toutes pour moi, mais aujourd'hui je veux les partager avec mes amis ; celles-ci nous porteront bonheur. » Et ayant demandé sa cassette, il leur donne ces cocardes. Il ne fut plus question que de partir pour l'armée. Le roi pria le duc de Richelieu de mander à madame de Châteauroux ce qui se passoit, et de lui envoyer en même temps une lettre qu'il lui écrivoit. Il attendoit madame de Châteauroux à Fribourg, mais elle vivoit à peine encore ; enfin, elle ne quitta point Paris.

Au retour de sa glorieuse campagne, le roi, avant d'aller à Versailles, voulut rester trois jours à Paris. Les préparatifs des fêtes les plus brillantes l'y annoncèrent. Dès qu'il y fut, la joie publique devint une véritable allégresse. Le roi crut enfin pouvoir se présenter à madame de Châteauroux. Je ne sais quelles raisons la déterminèrent à exiger du roi de venir chez elle dans le plus grand mystère. M. de Richelieu fut témoin de cette première entrevue. Madame de Châteauroux se trouva mal en voyant le roi, et jamais ne put dire autre chose que ces paroles : « Comme ils nous ont traités ! » Je ne sais pas davantage, ni personne peut-être, ce qui l'empêcha de reparoître à Versailles avec le roi. Non-seulement elle ne voulut point s'y montrer, mais ne voulut y aller que dans le plus grand *incognito*. « En ce cas, » lui dit le duc de Richelieu, « je ne vois guère qu'un pot-de-chambre (1) où l'on ne s'avisera pas de vous reconnoître, y fussiez-vous aperçue. » Ce qu'il proposoit en croyant plaisanter fut, à son grand étonnement, accepté et résolu.

M. de Maurepas, qui s'étoit hautement brouillé avec elle depuis longtemps, ne doutant pas que des mystères ne préparassent l'éclat et la vengeance de madame de Châteauroux, entoura tellement les avenues de sa maison pour savoir ce qui s'y passoit, que les domestiques sur lesquels elle comptoit particulièrement s'en aperçurent et l'en avertirent. Elle leur dit : « Bientôt il ne m'importunera pas. » Elle partit le soir pour Versailles, et revint dans la nuit à Paris, qu'elle devoit quitter le lendemain

(1) Voiture à deux places et à deux chevaux, qu'on appeloit alors « voiture de la cour », parce qu'elle étoit au service de la cour.

pour s'établir à la cour. — Le matin de ce jour, le roi envoya chercher M. de Maurepas. « Prenez du papier et une plume, » lui dit-il ; « écrivez. » — « A qui, sire ? » lui demanda M. de Maurepas. « A madame de Châteauroux, » dit le roi. Et alors il lui dicta ces paroles : « Le roi m'ordonne, madame la duchesse, d'avoir l'honneur de vous mander qu'il souhaite que vous et madame votre sœur repreniez vos places à la cour, et se flatte que vous ne le refuserez pas. » — « Allez à Paris, » ajouta-t-il ensuite à M. de Maurepas, « soyez chez elle ce soir à quatre heures. Elle attend pour revenir ici la lettre que vous lui avez écrite de ma part ; remettez-la lui, en lui donnant aussi celle que j'ai l'honneur de lui écrire. » M. de Maurepas partit environ à midi de Versailles. En arrivant chez lui, il n'y resta que le temps nécessaire pour prendre une autre voiture. Où alla-t-il avant de se rendre chez madame de Châteauroux ? à qui parla-t-il ? Je l'ignore complétement. A quatre heures, il arriva chez madame de Châteauroux. Entré chez elle : « Donnez-moi, » lui dit-elle, « les lettres du roi, et allez-vous-en. » Il la quitta sans avoir proféré une parole. A peine eut-elle lu ces lettres, qu'elle sentit d'insupportables douleurs aux yeux et à la tête. Au lieu d'aller à Versailles, elle fut obligée de se mettre au lit. Elle y fut embrasée d'une fièvre ardente ; le surlendemain elle n'étoit plus.

A peine le roi sut-il la mort de madame de Châteauroux, qu'il exila M. de Maurepas à Bourges. Il y fut longtemps sans avoir la permission d'y voir personne ; l'ayant obtenue après plusieurs années, on ne l'accordoit qu'à ses parens. Il vécut enfin vingt ans, sous Louis XV, dans l'exil ou la disgrâce.

APPENDICE

Lauraguais ajoute les réflexions suivantes :

« Personne ne trouva la mort de madame de Châteauroux naturelle, et l'opinion d'alors accusoit M. de Maurepas de l'avoir empoisonnée. Il n'a dû son retour à Versailles, et la confiance de Louis XVI montant sur le trône, qu'aux prières, qu'aux instances de Mesdames, tantes du roi.

« J'ai souvent parlé des soupçons publics contre M. de Maurepas au comte de Caylus, qui avoit passé sa jeunesse avec lui, et avec M. de Montesquieu. Il m'a toujours répondu dans la franchise de son caractère et dans la confiance de son amitié pour moi : « Je « ne saurois croire M. de Maurepas « coupable. Il est d'une telle insou- « ciance, que l'exil n'altéra jamais la « douceur de son caractère, ni la gaîté « de son esprit. Quand j'obtins la per- « mission d'aller le voir à Bourges, j'y « retrouvai le même homme avec le- « quel M. de Montesquieu et moi avions « fait les *Étrennes de la Saint-Jean*. Je vous « réponds qu'il est encore plus incapa- « ble de crimes que de vertus. » Longtemps après, les circonstances me lièrent très-intimement avec M. de Maurepas ; et je n'ai jamais vu un homme aussi véniel que lui. »

« J'ai dû écrire ceci à la suite du fragment historique de madame de

Brancas, qu'on vient de lire. Comme M. de Maurepas ne fut accusé que d'après des préjugés, des préventions, des vraisemblances, il falloit repousser de sa mémoire les téméraires accusations dont les ennemis de cet homme aimable empoisonnèrent sa vie. »

NOTES

Page 17, ligne 3 : *duchesse de Brancas.*

Madame Marie-Angélique Frémin de Moras, fille de Guillaume Frémin, chevalier, comte de Moras, président à mortier au parlement de Metz, et de Marie-Angélique Cadeau. Elle avait épousé en 1709, par contrat passé en présence du roi et de la famille royale, à Versailles le 9 et à Paris le 14 décembre, Louis-Antoine de Brancas, duc de Villars, pair de France, comte de Lauraguais, etc., né le 12 août 1682, colonel d'infanterie en 1701, et qui servit en Flandres en 1708 et 1709 comme aide de camp du duc de Bourgogne. Leur mariage s'effectua le 17 du même mois de décembre dans la chapelle du château de Sceaux. Leur fils Louis de Brancas, né le 15 mars 1714, titré par le roi duc de Lauraguais, épousa en premières noces, le 27 août 1731, Adélaïde-Geneviève-Félicité d'O, morte à Paris le 26 août 1735, dont il eut d'abord Louis-Léon Félicité, comte de Lauraguais et depuis pair de France de la Restauration, lequel nous a conservé les présents mémoires. La seconde femme de son père fut cette spirituelle Diane-Adélaïde de Mailly, sur laquelle rejaillit un peu de l'éclat de madame de Châteauroux, et qui, née en mars 1714, mourut le 30 novembre 1769. Madame de Brancas dictait ses mémoires vers 1770. Nous ignorons l'époque de sa mort.

Page 20, ligne 5 : *Quatre sœurs.*

Louis de Mailly, marquis de Nesle, marié le 2 avril 1709 avec Armande Félice de la Porte-Mazarin, fille du duc de Rethel-Mazarin, morte le 19 octobre 1729, eut de cette union cinq filles qui sont :

1° Louise-Julie, née le 16 mars 1710, mariée le 31 mai 1726 à son cousin germain, Louis Alexandre *de Mailly* Rubempré, morte le 5 mars 1751. Ce fut la favorite.

2° Pauline-Félicité, appelée avant son mariage

mademoiselle de Nesle, née au mois d'août 1712, mariée le 28 septembre 1739 à Jean-Baptiste-Félix Hubert, marquis *de Vintimille*, morte le 10 septembre 1741.

3º Diane-Adélaïde, appelée mademoiselle de Montcarvel, et qui devient madame *de Lauraguais*.

4º Hortense-Félicité, nommée mademoiselle de Mailly, née le 11 février 1715, mariée le 21 janvier 1739 à François-Marie de Fouilleuse, marquis *de Flavacourt*, vivante encore en 1792.

5º Marie-Anne, née en octobre 1717, mariée le 19 juin 1734 à Jean-Louis, marquis de la Tournelle, créée duchesse *de Châteauroux* en mars 1744, morte le 28 décembre suivant.

TABLE

Achevé d'imprimer

L'AN M DCCC LXV

le trentième jour d'août

PAR D. JOUAUST, IMPRIMEUR

A PARIS

www.ingramcontent.com/pod-product-compliance
Ingram Content Group UK Ltd.
Pitfield, Milton Keynes, MK11 3LW, UK
UKHW021105220726
13924UKWH00004B/1517

9 782019 708108